AF322473

LETTRE
DE MONSIEVR
DE BALZAC,
A
MONSEIGNEVR
LE CARDINAL
DE RICHELIEV.

A PARIS,

De l'Imprimerie de Rob. Estienne;

Chez Tovssainct dv Bray,
ruë S. Iacques, aux Espics meurs.

M. DC. XXVI.

ADVERTISSEMENT.

C'ESTOIT le des-
sein de Monsieur
de Balzac de reser-
uer cette Lettre, pour la join-
dre au corps de ses autres
Oeuures, qu'il espere de met-
tre bien-tost en lumiere. Mais
estant aduenu depuis peu qu'vn
Libraire ignorant a bien osé
l'imprimer si pleine de fautes,
& contre le sens commun, &
le sens particulier de celuy
qui la escritte, que de sa
beauté naturelle il en a faict

A ij

vn Monſtre; L'on a trouué
à propos de vous la donner
icy en ſa pureté, affin que par
la difference de l'vne & de
l'autre vous voyés qu'il ne
ſort rien d'vn ſi excellent eſprit,
qui ne ſoit conforme au me-
rite de ſes Ouurages, & que ce
n'eſt pas ſans raiſon qu'ils ſont
dans l'approbation generale.

A
MONSEIGNEVR
LE CARDINAL
DE RICHELIEV.

MONSEIGNEVR,

Si les chemins
euſſent eſté libres, & ſi le bon
ordre que vous auiez mis à
la ſeureté publique, n'eut eu
le meſme ſuccez que les bon-
nes loix, qui ſont d'ordinaire
mal obſeruées, ie n'euſſe eu
garde de prendre plus de

temps que vous ne m'en don-
naftes quand ie partis de Fon-
tainebleau, ny d'eftendre iuf-
ques à céte heure le terme de
mon congé. Mais encore que
vos commandemens foient
tout-puiffans en mon en-
droit, vous fçaués bien que la
neceffité veut eftre la premiere obeye, & vous ne treu-
uerés pas mauuais que i'aye
choifi vne prifon à laquelle
i'eftois accouftumé, pour en
euiter vne autre qui ne m'eût
pas efté fi commode. Ce n'a
pas efté, MONSEIGNEVR,
fans beaucoup de defplaifir
de ne pouuoir eftre tefmoin
de la plus belle vie de ce fie-

cle, & de perdre vne demy-
année de vos actions, qui
font quasi toute nostre hi-
stoire. Car quoy que nous ne
soyons pas si esloignés du
monde, qu'il ne nous en vien-
ne des nouuelles, elles passent
neantmoins par tant de lieux,
qu'il est impossible qu'elles
n'en reçoiuent diuerses im-
pressions, & qu'elles arriuent
icy en leur pureté, puis qu'on
les altere dés le Louure mesme. I'ay sceu pourtant, & la
renommée a publié au desert
les grands combats qui ont
esté rendus pour l'honneur
& la reputation de la France,
& comme vous aués veincu

l'esprit des Estrangers, qui est
plus redoutable que leurs for-
ces. I'ay sceu que l'Italie a
espuisé toutes ses finesses sans
nuire à personne, & que ces
subtils, qui croyoient regner
dans les assemblées, & estre
maistres des raisons d'Estat,
n'ont pû se deffendre contre
vous qu'auec la passion & la
cholere, ny se plaindre d'autre chose, que de ce que vous
leur persuadiés tout ce qu'ils
estoient resolus de ne faire
pas. De sorte, MONSEI-
GNEVR, que ceux qui nous
appelloient Barbares, & qui
par leurs traités auoient tous-
jours eu reuanche de nos
victoi-

victoires, ont trouué à la fin
de la sageſſe deça les monts,
& reconnu qu'il y auoit vn
homme qui les empeſchera
de tromper les autres. Ils ont
eſté eſtonnés de voir vn ſer-
uiteur qui ne pouuoit ſouf-
frir qu'il y eut vn plus grand
maiſtre que le ſien ; qui ſen-
toit les moindres maux de ſa
patrie comme ſes propres
douleurs, & penſoit qu'on le
bleſſât pour peu qu'on fit
ſemblant de toucher à la di-
gnité de cete Corone. Mais
quand ils ont veu que vous
donniés des remedes ſur le
champ à tous les inconue-
niens qu'ils vous figuroient,

que vous preueniés les obje-
ctions qu'ils vous vouloient
faire, que vous alliés prendre
leurs intentions iusques dans
leur ame, & qu'à la premiere
conference vous respondiés
à ce qu'ils reseruoient pour la
seconde; c'est lors veritable-
ment que leur phlegme s'est
tourné en bile, & que vous
aués mis en desordre la prudence humaine, & les maxi-
mes politiques. Que s'il suffi-
soit de faire voir le bien pour
le faire aymer, & si la raison
auoit le mesme pouuoir sur la
volonté qu'elle a sur l'enten-
dement, tous les Italiens qui
vous ont ouy parler s'en fus-

sent retournés bõs François,
& le salut de la Chrestienté,
& la liberté de ses Princes
n'eussent esté que l'ouurage
d'vne iournée. La guerre
estrangere auroit esté ache-
uée en vostre chambre: Nous
n'aurions plus qu'vne affaire
sur les bras, & les armes du
Roy ne seroient à present oc-
cupées qu'à chastier les rebel-
les de son Royaume. Vous
croyés bien, MONSEIGNEVR,
qu'encore que ie ne pûsse at-
tendre de plus petites nouuelles du lieu où vous seriés,
i'ay receu celles-là auec de
l'émotion & du transport, &
qu'il n'est pas en ma puissance

de diſſimuler ma ioye, quand
i'apprens que leurs Majeſtés
ne ſe laſſent point de vos ſer-
uices ; qu'apres auoir eſſayé
diuers conſeils , il faut enfin
s'arreſter aux voſtres, & que
vous preſidés aux affaires de
l'Europe , en conduiſant la
fortune de la France. Il eſt
vray que de tous les conten-
temens qui me viennent de
dehors , il n'y en a point qui
me ſoit ſi ſenſible que celuy-
là. Mais de l'autre coſté lors
qu'on me dit que voſtre ſan-
té eſt touſiours attaquée, ou
menaſſée de quelque acci-
dent ; que le repos que vous
deuroit donner la ſatisfa-

ction de voſtre conſcience,
ne vous empeſche pas d'auoir
de mauuaiſes nuits, & qu'au
milieu de la gloire & des
bons ſuccés qui vous arriuent,la vie vous eſt ſouuent
ennuyeuſe ; Alors certes on
me touche en la plus tendre
partie de mon ame,& cepen-
dant que la Cour vous fait
mille fauſſes proteſtations de
ſeruice, il y a vn Hermite à
cent lieuës de vous,qui pleu-
re vos maux auec des larmes
veritables. Ie ne ſçay ſi i'oſe-
ray vous dire que ie vous
ayme ; Il n'y a point d'appa-
rence pourtant que vous
vous offenſiez de ce mot
B　iij

duquel vous sçaués que Dieu se contente. Ie vous ayme, Monseigneur, de telle sorte, qu'ou ie suis malade de la nouuelle de vostre indisposition, ou si le bruit court que vous vous portez mieux, ie crains pour vous tous les changemens que peuuent faire toutes les heures. Faut-il donc que ce soit dans les accés de fiéure, & l'inquietude de vos veilles que vous entendiés les acclamations de la voix publique, & les loüanges que vous aués meritées ? Faut-il que les sens souffrent, & que l'esprit se resiouïsse ? qu'ils

foient à la gefne parmy fes
triomphes ? que vous faciés
deux actions contraires à la
fois, & qu'en mefme temps
vous ayés befoin de mode-
ration, & de patience ? Si la
vertu pouuoit eftre malheu-
reufe, & fi cette Secte, qui
ne connoiffoit point d'autre
mal que la douleur, ny d'autre bien que la volupté, n'a-
uoit efté generalement con-
damnée, la Prouidence di-
uine receuroit auiourd'huy
des plaintes de tous les en-
droits de ce Royaume, & il
n'y auroit point d'homme
de bien qui pour l'amour de
vous ne trouuaft quelque

chofe à defirer en la conduite du monde. Mais, M o n-
s e i g n e v r , vous fçaués que c'eft de la felicité
des beftes, dont il faut croire le corps, & non pas de la
noftre, qui refide en la plus
haute partie de nous mef-
mes, & fe reffent auffi peu
des defordres qui fe font au
deffous d'elle, que ceux qui
font au Ciel peuuent eftre
offenfés des orages de l'Air,
& des vapeurs de la Terre;
Et cela eftant, à Dieu ne plai-
fe, que par l'eftat de voftre
fanté ie veuille iuger de celuy de voftre condition, &
que ie n'eftime parfaitement

heureux

heureux celuy que ie tiens
parfaitement sage. Imaginés-
vous que vous aués partagé
auec les autres hommes les
infirmités de la Nature humaine , & vous trouuerés
que l'auantage est tout de
vostre costé, veu qu'en ef-
fet il ne vous est demeuré
qu'vn peu de douleur, pour
vne infinité d'erreurs, de
passions, & de fautes que
vous nous aués laissées. Encore veux-ie croire que le
terme de vostre patience
s'en va expiré, & que l'aue-
nir vous prepare des con-
tentemens tous purs, & vne
ieunesse apres sa saison, com-

me vous aués esté vieux de-
uant le temps. Le R o y qui
a besoin de vostre longue
vie, ne fait point de souhaits
inutilement; Le Ciel n'exau-
ce point les prieres des en-
nemis de cet Estat ; Nous ne
connoissons point de succes-
seur qui puisse entreprendre
ce que vous n'aurés pas acheué ; Et s'il est vray que nos
armées ne soient que les bras
de vostre teste, & que vos
conseils ayent esté choisis
de Dieu pour restablir les
affaires de ce siecle , nous
ne deuons point apprehen-
der vne perte qui ne doit
arriuer qu'à nos neueux. Ce

sera de vostre temps, Monseignevr, que les peu-
ples opprimés viendront du
bout du monde rechercher
la protection de cete Coron-
ne : Que par nostre moyen
nos alliés se raquiteront de
leurs pertes : Et que les Espa-
gnols ne seront pas les con-
querans , mais que nous se-
rons les liberateurs de toute
la Terre. Ce sera de vostre
temps que le Sainct Siege
aura ses opinions libres , que
les inspirations du S. Esprit
ne seront plus combatuës
par l'artifice de nos enne-
mis, & qu'il s'esleuera des
courages dignes de l'ancien-

ne Italie pour deffendre la cauſe commune. Enfin, MONSEIGNEVR, ce ſera par voſtre prudence qu'il n'y aura plus de rebellion parmy nous, ny de Tyrannie parmy les hommes: Que toutes les villes de ce Royaume ſeront villes de ſeureté pour les gens de bien : Que les nouueautés ne ſeront plus receuës que pour les couleurs, & la façon des habillemens : Que le peuple laiſſera entre les mains de ſes Superieurs, la Liberté, la Religion, & le bien Public; & que du Gouuernement legitime, & de la parfaite

obeïſſance il naiſtra cete felicité que les Politiques cher-
chent, & qui eſt la fin de
la vie ciuile. I'eſpere, MON-
SEIGNEVR, que tout cela
arriuera ſous voſtre ſage
conduite, & qu'apres auoir
aſſeuré noſtre repos, & pro-
curé celuy de nos voiſins,
vous iouïrés de vos bien-
faits à voſtre aiſe, & verrés
durer l'eſtat des choſes, duquel vous aurés eſté l'au-
theur. Pour moy, qui ne
commence pas d'aujour-
d'huy à faire mes paſſions
de vos intereſts, & qui ay re-
ueré voſtre vertu en voſtre
mauuaiſe fortune, Ie n'ay

plus rien qui m'empesche
d'aller prendre ma part de
cet aduenir glorieux, que
toutes les apparences vous
promettent, & de me ren-
dre où ie pourray vous tes-
moigner que ie suis,

MONSEIGNEVR,

Vostre tres-humble &
tres-obeïssant seruiteur,
BALZAC.

Du 25. Decembre, 1625.

EXTRAICT DV
Priuilege du Roy.

PAr grace & Priuilege du
Roy, il est permis à Tovs-
SAINCT DV BRAY, Marchand
Libraire Iuré à Paris, d'imprimer
ou faire imprimer, vendre & distribuer vn Liure intitulé, *Lettres
du Sieur de* BALZAC, & deffen-
ces font faictes à tous Libraires,
Imprimeurs, & autres de ce
Royaume, d'iceluy liure imprimer, contrefaire ny alterer, vendre & distribuer, fans le congé &
permissiõ dudit duBray, pendãt
le temps & espace de *dix ans* à cõ-
pter du iour & datte que ledit liure fera acheué d'imprimer pour
lapremiere fois, à peine de mille

liures d'amende enuers ledit du
Bray, confifcation des liures qui
fe treuuerõt auoir efté imprimez
d'autre impreſſion, que de celle
dudit fuppliant, auec tous fes
defpens, dommages, & interefts,
ainſi que plus amplement eft
contenu & declaré efdites lettres
de Priuilege, Données à Com-
piegne le 3. iour de May, 1624.

Par le Roy en fon Confeil,

Signé,

RENOVARD.